AUTOS DE LUJO

# ESCALADE
## DE CADILLAC

Un libro de Las Ramas de Crabtree

Tracy Nelson Maurer
Traducción de Santiago Ochoa

Crabtree Publishing
crabtreebooks.com

# Apoyos de la escuela a los hogares para cuidadores y maestros

Este libro de gran interés está diseñado con temas atractivos para motivar a los estudiantes, a la vez que fomenta la fluidez, el vocabulario y el interés por la lectura. Las siguientes son algunas preguntas y actividades que ayudarán al lector a desarrollar sus habilidades de comprensión.

## Antes de leer:

- *¿De qué creo que trata este libro?*
- *¿Qué sé sobre este tema?*
- *¿Qué quiero aprender sobre este tema?*
- *¿Por qué estoy leyendo este libro?*

## Durante la lectura:

- *Me pregunto por qué...*
- *Tengo curiosidad por saber...*
- *¿En qué se parece esto a algo que ya conozco?*
- *¿Qué he aprendido hasta ahora?*

## Después de la lectura:

- *¿Qué intentaba enseñarme el autor?*
- *¿Qué detalles recuerdo?*
- *¿Cómo me han ayudado las fotografías y los pies de foto a comprender mejor el libro?*
- *Vuelvo a leer el libro y busco las palabras del vocabulario.*
- *¿Qué preguntas me quedan?*

## Actividades de extensión:

- *¿Cuál fue tu parte favorita del libro? Escribe un párrafo al respecto.*
- *Haz un dibujo de lo que más te gustó del libro.*

# ÍNDICE

# ¡CUÁNTO ESTILO!

Reyes, reinas, superestrellas y personalidades **VIP** poseen el Cadillac Escalade por su elegante estilo. Hay algunas personas del público general a las que también les gusta por su robusto aspecto. Pero el lujo no es barato. Este Caddy va de $78 000 dólares a más de $100 000 dólares.

Cadillac tiene un historial de innovaciones. Por ejemplo, Cadillac introdujo el primer motor de arranque eléctrico en 1912. Los conductores tenían que usar manivelas antes de este invento.

Desde hace más de 100 años, Cadillac ha sido una marca de **prestigio** en los Estados Unidos. Su famoso escudo es un símbolo de riqueza y buen gusto para mucha gente. Cuando el Escalade se estrenó en 1999, se disparó el entusiasmo por los **SUV** de lujo.

Tom Brady, David Beckham y Adam Sandler son propietarios de un Escalade.

# SUPERASIENTOS

A lo largo de los años, Cadillac ha actualizado el Escalade cinco veces. En 2021, la compañía introdujo el sistema de manos libres y una cabina de nuevo diseño que se parece más a un teatro de lujo que a un auto para recoger las compras.

La iluminación interior ofrece 19 opciones de color para crear ambientes.

Cada Escalade cuenta con asientos de cuero hechos a mano, tapicería de madera natural y otros finos detalles.

¡Mira la pantalla del tablero! Es la primera pantalla curvada de este tipo, cuenta con controles de pantalla táctil y colores más intensos que la mayoría de los televisores domésticos.

**El panel de la pantalla ofrece la gama de colores más amplia de cualquier vehículo existente, hasta ahora.**

Más allá de los cómodos asientos con calefacción y refrigeración, el Escalade también ofrece una experiencia auditiva que envuelve en sonido a cada pasajero. Es tan bueno que el cantante James Blake ha probado sus canciones en un Escalade antes de lanzarlas. Cadillac invitó a un pequeño grupo de seguidores a un concierto privado con el sistema estéreo del Escalade.

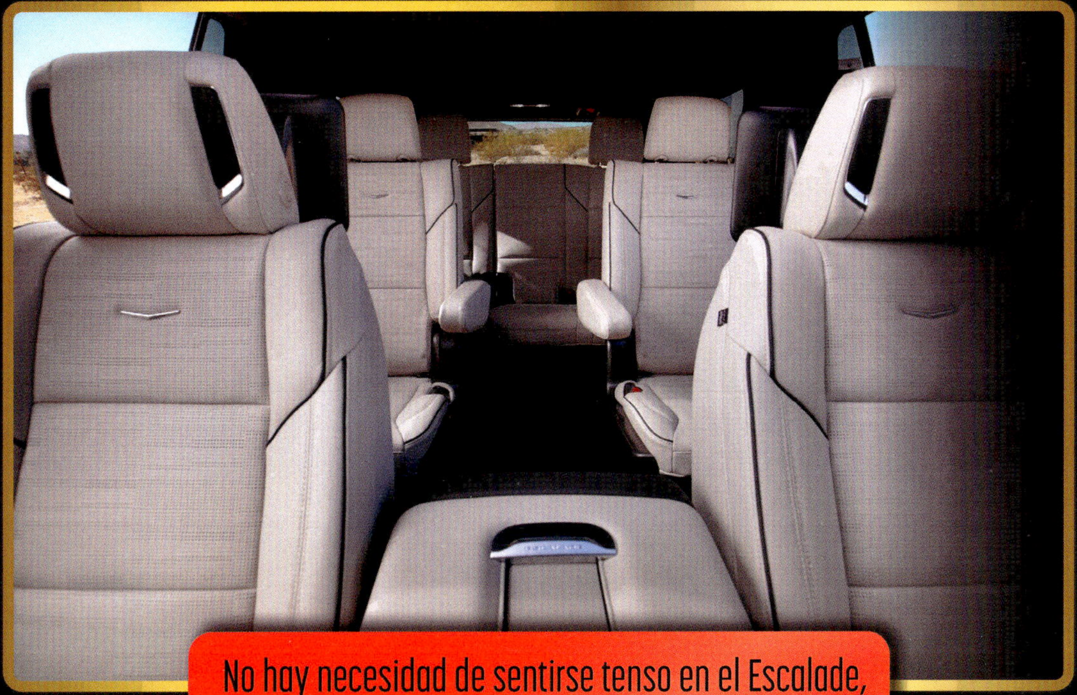

No hay necesidad de sentirse tenso en el Escalade, menos después de un masaje en el asiento.

# AUMENTA LA COMODIDAD

Cadillac aumentó el tamaño del Escalade 2021 hasta su mayor extensión, dándole a la tercera fila más espacio para las piernas y expandiendo el espacio de **carga** hasta 142 pies cúbicos (43 metros cúbicos), un bodegaje más que suficiente para un equipo de fútbol.

Los controles de la suspensión permiten al conductor bajar la carrocería de la camioneta. La carrocería también puede levantarse para tener más espacio libre en las carreteras más difíciles.

Con 3 pies (1 m) de altura, la luz trasera LED recuerda las **icónicas** aletas del parachoques del Cadillac de 1950. Las lámparas de piso bajo las puertas iluminan el camino con el escudo de Cadillac.

BRIDGESTONE
ESCALADE

# MÁQUINA MUSCULOSA

Incluso con todo su vestuario de lujo, el Escalade sigue siendo un SUV con un motor potente. El motor estándar V8 de 6.2 litros genera 420 **caballos de fuerza** y un fuerte músculo de remolque.

de seis cilindros en línea con **turbocompresor**. Los motores diésel suelen durar más que los de gasolina, y consumen menos combustible.

Un motor V8 tiene ocho cilindros en forma de V para quemar combustible. Un motor de seis cilindros en línea quema combustible en seis cilindros colocados en una sola fila.

Un sistema de control opcional debajo del vehículo lee cada pulgada de la carretera 1 000 veces por segundo para responder a las superficies irregulares; es un viaje suave.

# OJOS EN LA CARRETERA

La seguridad es importante tanto en la carretera como en el estacionamiento. El Escalade usa muchas cámaras para mostrar una imagen de toda el área alrededor del vehículo.

3D Overhead
74° 1:44
ON
AUTO
OFF
A/C
SYNC
START
ENGINE
STOP

3D Overhead

Los conductores de Escalade pueden ver mejor en la oscuridad. La opción de visión nocturna **detecta** el calor para crear una imagen de personas o animales grandes más allá de las luces delanteras.

0
MPH
3
4
5
6
RPMx1000
E
154mi

# LUJO DE LUJOS

¡Algunas personas quieren lo más lujoso! Empresas **especializadas** convierten los Escalades en atracciones que sirven como suites de oficina o salas de fiestas para clientes adinerados. Los interiores con televisores extragrandes, los descansapiés para cada asiento o sus armarios para cristalería, le añaden un toque elegante. Las mejoras exteriores pueden incluir pintura negra extra brillante, rejillas oscurecidas, vidrios polarizados o detalles de cromo brillante.

Algunas empresas convierten Escalades en limusinas muy largas.

El lujo también puede significar seguridad adicional. La tecnología **blindada** de las ventanas a prueba de balas, las manijas de las puertas con descargas eléctricas y las boquillas de gas pimienta montadas en el techo ofrecen una gran protección. Estos autos cuestan alrededor de $350 000 dólares.

P 888
PT 54

# ¿UN ESCALADE ELÉCTRICO?

Los **críticos** dicen que el Escalade consume demasiada gasolina. ¡Traga combustible! Por lo general, estos SUV rinden aproximadamente 15 millas (24 km) por galón en la ciudad. En la carretera rinden aproximadamente 20 millas (32 km) por galón. Algún día, Cadillac podría lanzar el Escalade como un vehículo eléctrico.

No importa cómo cambie en el futuro, el Escalade es el SUV a tener en cuenta para el lujo estadounidense.

# GLOSARIO

**blindada** Que cuenta con un equipo de protección.

**caballos de fuerza** Unidad para medir la potencia de un motor.

**carga** Artículos transportados.

**críticos** Personas que encuentran algo mal en las cosas.

**detecta** Que descubre la existencia de algo.

**especializadas** Que se centran en determinadas habilidades, productos o servicios.

**icónicas** Símbolos muy conocidos.

**prestigio** Un alto nivel basado en el respeto o la credibilidad de alguien.

**SUV** Abreviatura de Sport Utility Vehicles (vehículos deportivos utilitarios).

**turbocompresor** Un dispositivo que empuja aire extra al motor para obtener más potencia.

**VIP** Abreviatura usada para hablar de personas muy importantes.

# ÍNDICE ANALÍTICO



# SITIOS WEB (PÁGINAS EN INGLÉS):

www.cadillac.com

www.guideautoweb.com/en/galleries/54082/the-cadillac-escalade-through-time

https://beckerautodesign.com/esv/index.html

www.motortrend.com/news/2021-cadillac-escalade-duramax-diesel-engine-details

# ACERCA DE LA AUTORA

## Tracy Nelson Maurer

Tracy Nelson Maurer ha escrito más de 100 libros de no ficción para jóvenes lectores. Vive en Minnesota, donde conduce felizmente una minivan.

## Crabtree Publishing

crabtreebooks.com 800-387-7650





Produced by: Blue Door Education for Crabtree Publishing
Written by: Tracy Nelson Maurer
Designed by: Jennifer Dydyk
Edited by: Kelli Hicks
Proofreader: Janine Deschenes
Translation to Spanish: Santiago Ochoa
Spanish-language layout and proofread: Base Tres

| | |
|---|---|
| Hardcover | 978-1-0396-1322-5 |
| Paperback | 978-1-0396-1328-7 |
| Ebook (pdf) | 978-1-0396-1334-8 |
| Epub | 978-1-0396-1340-9 |
| Read-along | 978-1-0396-1346-1 |
| Audio book | 978-1-0396-1352-2 |

Printed in Canada/072024/CPC20240710

Published in Canada
Crabtree Publishing
616 Welland Avenue
St. Catharines, Ontario
L2M 5V6

Published in the United States
Crabtree Publishing
347 Fifth Avenue
Suite 1402-145
New York, NY 10016





**Photographs:** Cover: Logo graphic © Shutterstock.com/officeku, speedometer © Shutterstock.com/Panuwatccn, shiny car hood top left on cover and throughout book © Shutterstock.com/ Inked Pixels, Escalade cover photo © Cadillac.com. All Rights Reserved, Title page : ©Cadillac.com. All Rights Reserved, PG 4: ©Cadillac.com. All Rights Reserved, PG 5: ©Cadillac.com (top), Tom Brady © All-Pro Reels from District of Columbia, USA https://creativecommons, org/ licenses/by-sa/2.0/deed.en. ©Andrea Raffin / Shutterstock.com, ©Kathy Hutchins / Shutterstock.com, PG 6-7: ©Cadillac.com (all). All Rights Reserved, PG 8-9: ©Cadillac.com (all). All Rights Reserved, PG 10-11: ©Cadillac.com (all). All Rights Reserved, PG 12-13: ©Cadillac. com (all). All Rights Reserved, PG 14-15: ©Cadillac.com (all). All Rights Reserved, PG 16-17: ©Cadillac.com (all). All Rights Reserved, PG 18-19: ©Cadillac.com. All Rights Reserved, PG 19: ©Kanison| Dreamstime. com (inset), PG 20-21: ©Cadillac.com (all). All Rights Reserved, PG 22-23: ©Cadillac.com (all). All Rights Reserved, PG 24: ©Brphoto| Dreamstime.com, PG 25: ©Art Konovalov / Shutterstock.com, PG 26-27: ©Yelenapilipchuk| Dreamstime.com, PG 28: ©Art Konovalov / Shutterstock.com PG 29: ©Valokuva24 / Shutterstock.com (top), ©Cadillac.com. All Rights Reserved. Special Thanks to cadillac.com for the use of their images to teach young children reading skills using nonfiction/editorial informational text and images

**Library and Archives Canada Cataloguing in Publication**

Title: Escalade de Cadillac / Tracy Nelson Maurer ; traducción de Santiago Ochoa.
Other titles: Escalade by Cadillac. Spanish
Names: Maurer, Tracy Nelson, 1965- author. | Ochoa, Santiago, translator.
Description: Series statement: Autos de lujo | Translation of: Escalade by Cadillac. | Includes index. | "Un libro de las ramas de Crabtree". | Text in Spanish.
Identifiers: Canadiana (print) 20210294175 | Canadiana (ebook) 20210294183 | ISBN 9781039613225 (hardcover) | ISBN 9781039613287 (softcover) | ISBN 9781039613348 (HTML) | ISBN 9781039613409 (EPUB) | ISBN 9781039613461 (read-along ebook)
Subjects: LCSH: Escalade sport utility vehicle—Juvenile literature.
Classification: LCC TL215.C27 M3818 2022 | DDC j629.222/2—dc23

**Library of Congress Cataloging-in-Publication Data**

Names: Maurer, Tracy Nelson, 1965- author. | Ochoa, Santiago, translator.
Title: Escalade de Cadillac / Tracy Nelson Maurer ; traducción de Santiago Ochoa.
Other titles: Escalade by Cadillac. Spanish
Description: New York, NY : Crabtree Publishing Company, [2022] | Series: Autos de lujo - un libro de las ramas de Crabtree | Includes index.
Identifiers: LCCN 2021039864 (print) | LCCN 2021039865 (ebook) | ISBN 9781039613225 (hardcover) | ISBN 9781039613287 (paperback) | ISBN 9781039613348 (ebook) | ISBN 9781039613409 (epub) | ISBN 9781039613461
Subjects: LCSH: Escalade sport utility vehicle--Juvenile literature.
Classification: LCC TL230.5.E785 M3818 2022 (print) | LCC TL230.5.E785 (ebook) | DDC 629.22--dc23
LC record available at https://lccn.loc.gov/2021039864
LC ebook record available at https://lccn.loc.gov/2021039865